Talús / Talud

Aleisa Ribalta
Talús / Talud

Traducción al catalán de
Raquel Santiago Batista

bokeh ✳

© Aleisa Ribalta, 2018

© de la traducción: Raquel Santiago Batista, 2018

© Fotografía de cubierta: W Pérez Cino, 2018

© Bokeh, 2018

Leiden, NEDERLAND
www.bokehpress.com

ISBN 978-94-91515-94-1

A aquells que es van despenyar.

A los que se despeñaron.

Amarelo

Vas veure una foto de la tardor,
et va semblar que hi mancava quelcom.

Vam obrir una revista de moda.
Passa'm les tisores. Té.
Retallaríem aquella noia
que mai no havia vist la tardor,
era tan probable que no ho entengués.
La deixaríem sola en aquell crepitar
de fulles sota els peus.

Va ser ella qui de sobte va començar a sentir
que allà hi seguia mancant quelcom.
I ara què fem?
Retalla un gos, pinta una lluna,
fes alguna cosa!
Ja ho tinc: un gos.
La lluna no, que és massa.

Deixaríem que caminés
així, crepitant sota els peus les fulles.
Ens va fer l'efecte que havia
de trobar-se amb alguna cosa.
Algú? Sí, retallem!

Aquest paio tan trist?
No! N'hi ha d'haver un altre.

Amarelo

Viste una foto del otoño,
te pareció que allí faltaba algo.

Abrimos una revista de moda.
Pásame las tijeras, toma.
Recortaríamos a esa muchacha
que nunca había visto el otoño,
era tan probable que no lo entendiera.
La dejaríamos dentro de ese crepitar
de hojas bajo los pies.

Fue ella quien de repente empezó a sentir
que allí seguía faltando algo.
¿Ahora qué hacemos?
Recorta un perro, pinta una luna,
¡Haz algo!
Ya está, un perro.
La luna no, que es demasiado.

Dejaríamos que caminara
así, crepitando bajo los pies las hojas.
Nos dio la sensación
de que tenía que encontrarse con algo.
¿Alguien? ¡Sí, recortamos!

¿Este tipo tan triste?
No, tiene que haber otro.

Renoi, aquest està
més content que un gínjol.
El retallaríem i sortiria a trobar-la.

No la mira. Està absent.
Camina tot cantant… quin munt d'ocells.

Empeny-lo una miqueta. Enganxa aquí.
S'ha escapat el gos! Ella, com brilla!
Ja està, ara deixa'ls que es facin un petó.

Bueno, este está
que se sale de contento.
Lo recortaríamos y le saldría al camino

No la mira, está ido.
Va por ahí cantando… qué de pájaros.

Empújalo un poquito, pega, ahí.
¡Se escapó el perro! ¡Ella qué oronda!
Ya está, ahora déjalos darse un beso.

Pedra Blanca

Aquest és un poema per a inventar a Ulisses,
per a posar-lo a prova, com sempre.

Sap que soc asseguda davant del mar,
que sento cantar les gavines, i no torna.

L'últim cop ens vam estimar
en aquest motel sense finestres de la costa.

Aquest és un poema en el qual soc asseguda
sobre pedres blanques que no ho són.

Tots els peixos que van encallar aquí
van perdre el camí al mar, sedimentats.

Sobre els esquelets de milers de peixos
es va formar la sorra blanca de l'espera.

Ulisses, soc a Pedra Blanca[1]. Profunda
la badia, davant del mar, te'n recordes?

---

[1]   Piedra Blanca és un topònim cubà [Nota de la traductora].

Piedra Blanca

Este es un poema para inventar a Ulises
para ponerlo como siempre a prueba

Sabe que estoy sentada frente al mar
que oigo cantar a las gaviotas, y no vuelve.

La última vez nos amamos
en este motel sin ventanas de la costa.

Este es un poema donde estoy sentada
sobre piedras blancas que no lo son.

Todos los peces que encallaron aquí
perdieron el camino al mar, sedimentados.

Sobre los esqueletos de miles de peces
se formó la arena blanca de esperar.

Ulises, estoy en Piedra Blanca. Honda
la bahía, frente al mar ¿lo recuerdas?

Plora de nit

La ciutat planta fortaleses
ultramar, es defensa.
Res no pot, branda
fins al darrer canó,
és presa, els bàrbars
es reparteixen les ruïnes.

La ciutat gemega,
és el batec de la mar,
el respirar sota els túnels,
el lament davant del mur,
i una munió de forasters
tota ella.

Llença un crit en la nit,
conta la seva història.
En despertar sap
que li convenen
el mar i el silenci
per tal que algú
escolti el seu plany.

Llora de noche

La ciudad planta fortalezas
allende los mares, se defiende.
Nada puede, blande
hasta el último cañón,
es tomada, los bárbaros
se reparten las ruinas.

La ciudad gime,
es el latido del mar,
el respirar bajo los túneles,
el sollozo frente al muro,
y un devenir de forasteros
toda ella.

Lanza un grito en la noche,
cuenta su historia.
Al despertar sabe
que más le valdrán
el mar y el silencio
para que alguien
escuche su quejido.

Definint

Marítima tristor de portals,
confabulada soledat de les voreres,
negre el poeta que canta
a la pulcritud dels seus llençols
orejant en els balcons.

Taciturns noctàmbuls,
un xic de proxenetes i de putes,
i quina ciutat no en té?
Però un blau transparent, això sí,
remugant entre xiuxiuejos cada somni,
fos amb salnitre i botzina.

Un despertar del sol a les finestres,
una barreja de races i colors,
i postes de sol incomparables,
on la llum no és més
que el reflex del mar
en cada llàgrima.

Definiendo

Marítima tristeza de portales,
confabulada soledad de las aceras,
negro el poeta que canta
a la pulcritud de sus sábanas
oreando en los balcones.

Taciturnos noctámbulos,
algo de proxenetas y de putas,
¿y qué ciudad no tiene?
Pero un azul transparente, eso sí,
rumiando entre susurros cada sueño,
fundido con salitre y caracola.

Un despertar del sol en las ventanas,
una amalgama de razas y colores,
y atardeceres incomparables,
donde la luz no es más
que el reflejo del mar
en cada lágrima.

Nocturn

Rosari de garlandes, la ciutat,
en les pesaroses nits fingeix
despertar de la seva letargia.
Torna a sacsejar-se fidel
a l'esclat de la seva hora. I com

recordar voldrà als pirates
un ull: aquí res no ha canviat,
sobre cada tret ens reneix
malgrat la farsa perpetuada
duri tan sols un instant. Sigui

la comèdia suficient perquè
el corsari corri en estampida
a qualsevol cau, màscara
en va, i ja èbria li quedi l'ànima
amb vi de les seves dones. Demà

despertarem menys
innocents, ens hauran posseït,
i tornarà, com a cada novena
hora de la nit,
el record, fuetejant,
un altre cop, la consciència.

Nocturno

Rosario de guirnaldas, la ciudad,
en las aciagas noches finge
despertar de su letargo.
Vuelve a sacudirse fiel
al estallido de su hora. Y como

recordar querrá a los piratas
un ojo: aquí nada ha cambiado,
sobre cada disparo nos renace
aunque la farsa perpetuada
dure sólo un instante. Sea

la comedia suficiente para que
el corsario, corra en estampida
a cualquier madriguera, máscara
en vano, y ya ebria quédele el alma
con vino de sus mujeres. Mañana

despertaremos menos
inocentes, nos habrán poseído,
y volverá, como a cada novena
hora de la noche,
el recuerdo, azotando,
otra vez, la conciencia.

Ciutat del no-res

A Javier Marín

Cap ciutat no s'assembla a aquesta,
m'ha dit el visitant.

En els vespres amargs,
façana a façana se sobreposa
d'un tot que destenyeix
i emergeix sobre les onades,
com un bon arc de sant Martí
després de tanta pluja.

La ciutat de les nostàlgies,
i dels nostàlgics que hi viuen,
ha deixat d'existir.

Una part d'ella ha fugit
rere el record
del que va ser.
L'altra es va resignar amb
el que somia ser.

Aquest anar i venir entre realitat i fantasia,
la fa humana, després nimfa,
fins a tornar-la deessa.

I qualsevol dia de no sé quin any,
et sorprens adorant

Urbe de la nada

A Javier Marín

Ninguna ciudad se parece a ésta,
me ha dicho el visitante.

En los atardeceres amargos,
fachada por fachada se sobrepone
de un todo que destiñe
y emerge sobre las olas,
como buen arcoíris
después de tanta lluvia.

La ciudad de las nostalgias,
y de los nostálgicos que la habitan,
ha dejado de existir.

Una parte de sí ha huido
tras el recuerdo
de lo que fue.
La otra se resignó con
lo que sueña ser.

Este ir y venir entre la realidad y la fantasía
la hace humana, luego ninfa,
hasta volverla diosa.

Y un día cualquiera de no sé qué año,
te sorprendes adorando

la criatura del teu propi bunyol.
Quan t'acostes a ella,
atret per l'influx marí que desprèn,
ets tan sols un somiador errant.

Però quan t'arrossegues
a aixoplugar-te al seu pit,
absorbit violentament
pels seus bafs afrodisíacs,
ja ets un perdedor,
un badoc enamorat del no-res.

Cap ciutat no s'estima com aquesta,
conclou el visitant.
I marxa boca-badat.

la criatura de tu propio engendro.
Cuando te acercas a ella,
atraído por el influjo marino que despide,
eres sólo un soñador errante.

Pero cuando te arrastras
a refugiarte en su seno,
sorbido violentamente
por sus afrodisíacos vahos,
eres ya un perdedor,
un torpe enamorado de la nada.

Ninguna ciudad se ama como esta,
concluye el visitante.
Y se marcha alucinado.

Camp de Mart

Munió d'havans
tots junts i mal
abillats a l'estiu.
Tendals transmutats
en sensacional artefacte.
Portuguès i elegant,
més aviat improvisat.
Bigotis! Tirants? Sac!
Llaç… com un enginyer…
Ah! Anar per art de màgia
d'inventor a personatge.
Aquell Pérez, el tendaler
navegant del gran helio-transport
disposat a proeses així
a la ciutat més propensa.
Endavant el caos! Grandiloqüent és allà
tot com nosaltres mateixos.

Globus que s'elevà
sobtadament davant dels
badocs i desventurats
ulls del distingit
per a perdre's en un punt
cada cop més llunyà
fins a deixar-nos tan sols
la certesa que aquí
tot allò que no torna

Campo de Marte

Molote de habaneros
en componenda y mal
ataviados en verano.
Toldos transmutados
en sensacional artefacto.
Portugués y elegante,
mas bien improvisado.
¡Bigotes! ¿Tirantes? ¡Saco!
Pajarita… casi un ingeniero…
¡Ah! Ir por arte de birlibirloque
de inventor a personaje.
Ese Pérez, el toldero
navegante del gran heliotransporte
dispuesto a tales hazañas
en la urbe más propensa.
¡Sea la debacle! Grandilocuente es allí
todo como nosotros mismos.

Globo que elevárase
repentino delante de los
atónitos y desventurados
ojos del distinguido
para perderse en un punto
cada vez más lejano
hasta dejarnos sólo
la certeza de que aquí
todo lo que no vuelve

(l'amor, per exemple…)
és perquè ha volat
com Matías, sí! Però, on?

(el amor, por ejemplo…)
es porque ha volado
¡como Matías, sí! Pero, ¿a dónde?

Breu història del temps

Amb el permís de Mr. Hawking,
des d'algun forat negre

dels fluids, la llum
de les magnituds, el temps
de les forces, la gravitacional
dels forats, els negres
de les teories, la de cordes
de les paradoxes, la del gat
dels planetes, el nostre
dels cossos, el teu
dels fluxos, el pre seminal
dels efectes, el de ressonar
dels instants, aquellquetusaps
d'allò que vam ser, res

sí, l'univers
és un gegant
nosaltres
una mil·lèsima
menyspreada
que no compta més
que en el record
que és alhora
un altre dau
que llança Aquell
que juga
per jugar

Breve historia del tiempo

Con permiso de Mr. Hawking,
desde algún agujero negro.

de los fluidos, la luz
de las magnitudes, el tiempo
de las fuerzas, la gravitacional
de los agujeros, los negros
de las teorías, la de cuerdas
de las paradojas, la del gato
de los planetas, el nuestro
de los cuerpos, el tuyo
de los flujos, el pre seminal
de los efectos, el de resonar
de los instantes, esequetúsabes
de lo que fuimos, nada

sí, el universo
es un gigante
nosotros
una milésima
despreciada
que no cuenta más
que en el recuerdo
que es a la vez
otro dado
que lanza Aquél
que juega
por jugar

Lluna de Capricorn a Càncer

No ho creuen els astròlegs,
per descomptat
tampoc nosaltres.
Els signes cardinals
no es toquen mai,
no hi ha cap
possibilitat astral
que succeeixi.

Tanmateix,
la lluna humida, fràgil,
quasi perfecta,
la plenitud
somiada,
o simulada,
de Capricorn
a Càncer
ocorre cada dia
en el meu record
mentre s'esborra
minuts després
en el teu.

Així seguirem,
desmentint teories.
Cardinalment
estimant i desestimant

Luna de Capricornio en Cáncer

No lo creen los astrólogos,
por supuesto
tampoco nosotros.
Los signos cardinales
jamás se tocan,
no hay posibilidad
astral alguna
de que suceda.

Sin embargo,
la luna húmeda, frágil,
cuasi perfecta,
la plenitud
soñada,
o simulada,
de Capricornio
en Cáncer
sucede cada día
en mi recuerdo
mientras se borra
minutos después
en el tuyo.

Así seguiremos,
desmintiendo teorías.
Cardinalmente
amando y desamando

fins al deliri
més recòndit
de l'impossible.

hasta el delirio
más recóndito
de lo imposible.

Enigmes de la quàntica

Recoi, i no poder obrir la capsa!
—em va dir un dia un científic…
Jo també, és clar,
pagaria o robaria
per aquest misteri.
Què se'n va fer de tu i de mi,
d'aquell instant etern,
d'allò que vàrem somiar un dia
i un altre dia vàrem compartir,
d'allò que ens vam dir
i allò que vam callar?

Però no saber és el preu,
impossible com l'experiment
i fins i tot dolorosament just.
Tot va quedar dins aquella capsa
que mai no podrem obrir,
que és perduda en aquesta hora
del ser i no ser més simultani.
Com aquell felí sense millor sort
que quedar-s'hi a dins
i sí, és clar que pot
saber-se viu o mort
sense revelar-ho!

Schrödinger o l'amor,
paradoxa de dos,

Enigmas de la cuántica

¡Carajo, y no poder abrir la caja!
—me dijo un día el científico…
Yo también, claro,
pagaría o robaría
por este misterio.
¿Qué fue de ti y de mí,
de aquél instante eterno,
de eso que un día soñamos
y otro día compartimos,
de lo que nos dijimos
y lo que nos callamos?

Pero no saber es el precio,
imposible como el experimento
y hasta dolorosamente justo.
Todo quedó dentro de aquella caja
que no podremos abrir nunca,
que está perdida en esta hora
del ser y no ser más simultáneo.
Como aquel felino sin mejor suerte
que quedarse dentro
y sí, ¡claro que puede
saberse vivo o muerto
sin revelarlo!

Schrödinger o el amor,
paradoja de dos,

i sense ser o no ser
fa mal en el temps.

y sin ser o no ser,
duele en el tiempo.

Arigato

A José Adrián Vitier, net de poetes

A creu que ho sap tot.
I vet aquí l'encís d'A.
A, que també podria
dir-se X, torna al seu TAO,
solc i espiral, karma:
ens retrobem.

A, que està trencat per dins,
al vol, es recompon.
Arriba amb una gàbia
feta de branquetes,
posa a cantar un tomeguín[1].
Vamos pa'l monte
(em diu amb lascívia).

A té una càmera
des d'on empunya
llarga-vistes, *merjet*.
Forat per a mirar
el món plegats.
Hi té a dins la lluna.

---

[1]   Tomeguín: nom comú del *tiaris canorus*, ocell autòcton de Cuba
[N de la T].

Arigato

A José Adrián Vitier, nieto de poetas

A cree que lo sabe todo.
Y he ahí el encanto de A.
A, que también podría
llamarse X, vuelve de su TAO,
surco y espiral, karma:
nos reencontramos.

A, que está roto por dentro,
al vuelo, se compone.
Llega con una jaula
hecha de güines,
pone a cantar un tomeguín.
Vamos pa'l monte
(me dice con lascivia)

A tiene una cámara
desde donde empuña
catalejo, merjet.
Hueco para mirar
el mundo juntos.
Tiene dentro la luna.

Enllà ferotges ronden:
els follets,
els dimonis.
la foscor…
com a tots.

Ni heroi
ni antiheroi.
Ni víctima
ni botxí.
Un bon jan
a sobre!

Branca
fulla
escorça
(necessària).

Una molsa
fina
cobrint
l'arbre
que intacte
observa
la seva il·lusió
de lotus
assegut
en la seva bondat.

Però m'enxampa…
Dispara

Acullá fieros rondan:
los duendes,
los demonios,
lo obscuro…
como a todos.

Ni héroe
ni antihéroe.
Ni víctima
ni verdugo.
Un buen tipo
¡además!

Rama
hoja
corteza
(necesaria).

Un musgo
fino
cubriendo
el árbol
que intacto
observa
su ilusión
de loto
sentado
en su bondad.

Pero me alcanza…
Dispara

fulmina
(revelant)
al bell
mig
de la meva
soledat.

fulmina
(revelando)
en el mismísimo
centro
de mi
soledad.

Astre acabat d'arribar

Per a Alejandro Fonseca, in memoriam

I ara, carrega el sextant a l'esquena
que no et faltaran constel·lacions.

Posats a catalogar
no et voldràs perdre,
agafa brúixola i assafea
i emporta't una petaca
d'allò, per si de cas.

Sé que no ho pots ni esmentar,
però un dia és un dia.
Alça el colze i avall.
Anonimem això.

T'aviso: les estrelles són núvies
curioses des del seu esglai davant el no-res.
Què fas aquí i quant de temps
hi seràs, què t'hi ha portat,
carai, com és que has caigut. En fi,
la mena de coses que una estrella pregunta.

Tu no obris la boca i contempla,
deixa-les, feliç, inquisitar-te l'ànima.
Sense presa, enfoca l'*equatorium*,
presumeix per primer cop d'astrolabi,

Astro jodedor

Para Alejandro Fonseca, in memoriam

Y ahora ponte el sextante al lomo,
que no te faltarán constelaciones.

Puesto a catalogar,
no te querrás perder;
agarra brújula y *azafea*,
y llévate una caneca
de aquello, por si acaso.

Sé que no puedes ni nombrarlo,
pero un día es un día.
Dáte el buche y pa'abajo.
Anonimemos eso.

Te advierto: las estrellas son curiosas,
novias desde su propio azoro ante la nada.
Qué haces aquí y por cuánto tiempo
estarás, qué fue lo que te trajo,
caramba, cómo fue que caíste. En fin,
ese tipo de cosas que una estrella pregunta.

Tú no abras la boca, contempla
feliz y déjalas, feliz inquisitarte el alma.
Sin prisa, enfoca el *equatorium*,
presume por vez primera de astrolabio,

treu-los en acabat un bon *torquetum*
llampant i en desús,
perquè pateixin, belleses.

Total, Galileu i el telescopi
es mouen ja patentats.

Ah! però en això de divisar
els cops a l'ombra, el cel ampli,
el temps enlluernat i la teva illa
(d'on serà) del Cosmos Barataria,
ningú no et guanyarà la baralla,
vell poeta sorneguer,
astre burleta maleït,
avui per l'estela
de tu mateix
rejovenit.

sácales de remate un buen *torquetum*
despampanante y en desuso
pa' que sufran, bellezas.

Total, Galileo y el telescopio
se mueven ya patentados.

¡Ah!, pero en eso de divisar el cosmos,
los golpes en la sombra, el cielo amplio,
el tiempo deslumbrado y tu ínsula
(de qué va a ser) del cosmos, Barataria,
no te ganará nadie la pelea,
viejo poeta socarrón
astro jodedor maldito
hoy por la estela
de ti mismo
rejuvenecido.

Lamiàcia Llaviàcia

De tot! Guiabares[1] (alts) cocoters
palmes (nanes) areques.
Molt de mangle més que res!
I pertot una o altra malherba
dura i difícil d'anomenar.
Bah!, mai no ho sabrem pas tot.
El regne! Vegetal i tan divers!
Del seu jardí, sàvia costanera,
va portar remei per a amígdales
i d'altres orelles inflamades
el jardiner Carbón Bombón.
Un Linné a la criolla.
Hum, amb aquella planta!
I jo, pensant: de botànica sabrà el dandi
com aquell fill de presbiterat
que sabia de tot (o quasi tot).

La versió cubensis
de Carl von (von?) L.,
va prescriure mastegar durant
tres dies l'amargant herbeta.
Ipso facto i a pèl, per curar-me,
vaig fer cas, vaig moldre-ho tot en un drap,
vaig xuclar i empassar. I a la tríada

---

[1]   *Guiabara* o raïm de caleta: planta autòctona de les zones costa-
neres del Carib [N de la T].

Lamiácea Labiácea

¡De todo! Caletas (altos) cocoteros
palmas (enanas) arecas.
¡Mucho mangle más que nada!
Y por doquier algún que otro yerbajo
duro y difícil de nombrar.
¡Bah!, nunca lo sabremos todo.
¡El reino! ¡Vegetal y tan diverso!
De su jardín, salvia costera,
trajo remedio para amígdalas
y otras entendederas inflamadas
el jardinero Carbón Bombón.
Un Linné a la criolla.
Hum ¡Con esa planta!
Y yo, pensando: de botánica sabrá el dandi
lo que aquel hijo del presbítero
que sabía de todo (o casi todo).

La versión cubensis
de Carl von (¿von?) L.,
prescribió masticar durante
tres días el amargo yerbamen.
Ipso facto y a pelo, por curarme,
hice caso, molí todo en trapiche,
succioné, tragué. Y a la tríada de

de vint-i-quatre, vaig cantar les meravelles
de la mar i tots els seus misteris,
amb una veu acabada d'estrenar
gràcies a la costanera varietat de
Spermatophyta fanerògama.

veinticuatro, canté las maravillas
del mar y todos sus misterios,
con una voz recién estrenada
gracias a la costera variedad
de *Spermatophyta* fanerógama.

Calendari botànic

A la frondosa arborescència de Juan Tomás Roig

El doctor Roig tornava d'aquell viatge
l'any
        d'arribada s'obria dilluns
segle de canvis
       mes de les flors
           com era d'esperar.

Era el doctor encara infant quan
s'omplí
de ferrocarrils
         una illa.
Lent passava el tren
      per aquell poble de
           tabac gent canya.
L'imagino travessant el verd
        sobre mola amb
            fum-suor
              de melassa.

Afortunadament no seria maquinista.
Potser per aquell inici de fulles retorçades
a mà tabaquer lector de nervadures

va voler el jove ser
mestre sembrador

Calendario botánico

A la frondosa arborescencia de Juan Tomás Roig

El doctor Roig volvía de aquel viaje
el año
        de arribo se abría lunes
siglo de cambios
        mes de las flores
               como era de esperar.

Era el doctor aún niño cuando
llenóse
de ferrocarriles
           una isla.
Lento pasaba el tren
           por aquel pueblo de
                vega gente caña.
Le imagino atravesando el verde
           sobre mole con
                humo-sudor
                    de melaza.

Afortunadamente no sería maquinista.
Quizá por aquel comienzo de hojas torcidas
a mano tabaquero lector de nervaduras

quiso el joven ser
maestro sembrador

collidor de fulles

pèrit

agrònom

guaridor de lepra

catedràtic fitoterapeuta

fundador d'estacions

botàniques

escriptor de diccionaris

compilador d'actives

substàncies

barrejador de beuratges

xaman

metge

bruixot

rompezaragüey[1] d'una illa seva verda sencera.

En ella disposaria

després d'haver-hi viscut gairebé un segle

ser enterrat sota

l'arrel

      d'un guaiac

         on

            des de

la bellesa del seu tronc, de les seves branques i de les seves flors[2]

veuria passar el tren

         tranquil·lament.

---

[1] *Rompezaragüey*: arbre autòcton de Cuba [N de la T].

[2] Del testament de Juan Tomás Roig.

recogeyerbas
perito
agrónomo
curador de lepra
catedrático fitoterapeuta
fundador de estaciones
botánicas
escritor de diccionarios
compilador de activas
sustancias
mezclador de pócimas
chamán
médico
palero
rompezaragüey de una isla suya verde entera.

En ella dispondría
después de haber vivido casi un siglo
ser enterrado bajo
la raíz
   de un guayacán
     donde
       desde
la belleza de su tronco, de sus ramas y de sus flores[1]
vería pasar el tren
   tranquilamente.

---

[1] Del testamento de Juan Tomás Roig.

Subtil el fil gairebé

Un peix és un desig que formula el teu cor.

Proverbi xinès

Ah com d'amagat dins una cova sota
altes muntanyes reposes peix del fil daurat
invenció quasi meva de la llunyana província de
Sichuan. Si abans que els meus gens sabessin
de l'anomenat ja eres i
          poblaves
              el fosc indret
com és que ningú no em va parlar de la teva nit
sense rumb cec de soledat i de silenci
la teva angoixa de vagar sol
              sense
                 ser vagabund.
I on va ser que vaig saber del teu tràngol rebel·lant-te
contra l'ombra i tu
          transparent
              pell de seda
invisible decidida a brillar i a comminar la sang
per a crear horitzontal fil tebi d'imperceptible
aurèola. Res
        ser únic
             entre la vasta estirp
intensament desitjat. Temerària la recerca
per entre allò recòndit rere teu
          subtil
            el fil gairebé.

Sutil el hilo casi

Un pez es un deseo que formula tu corazón

Proverbio chino

Ah qué escondido dentro de una cueva bajo
altas montañas reposas pez del hilo dorado
invención casi mía de la lejana provincia de
Sichuan. Si antes de que supieran mis genes
del llamado ya eras y
         poblabas
              el obscuro lugar
cómo es que no me contó nadie de tu noche
sin rumbo ciego de soledad y de silencio
tu angustia de vagar solo
          sin
              ser vagabundo.
Y dónde fue que supe de tu trance rebelándote
contra la sombra y tu
        transparente
            piel de seda
invisible decidida a brillar y a conminar la sangre
para crear horizontal hilo tibio de imperceptible
aureola. Nada
      ser único
            entre la vasta estirpe
intensamente deseado. Temeraria la búsqueda
por entre lo recóndito tras de ti
        sutil
          el hilo casi.

Tan sols per provar que existeixes fidel peix de daurada
marca transversal de Sichuan llunyana província
dels meus avantpassats. Mil·lenari fantasma diminut
persistint en ésser per
                              des de
                                        malgrat la boira
tot el desig i més bategant en la foscor.

Sólo para probar que existes fiel pez de dorada
marca transversal de Sichuan lejana provincia
de mis ancestros. Milenario fantasma diminuto
persistiendo en ser por
                              desde
                                        pese a la bruma
todo el deseo y más latiendo en la oscuridad.

Cuban zen

Reposa
volant
espera.

Minúscula
acolorida
aleteja.

Niu
ínfim
ocupa.

Bec
finíssim
nodreix-lo.

Bellesa
inabastable
sedueix.

Llunyana
innocència
vulnera.

Tot
íntim
equilibra.

Cuban zen

Reposa
volante
espera.

Minúscula
colorida
aletea.

Nido
ínfimo
ocupa.

Pico
finísimo
nútrele.

Belleza
inasible
seduce.

Lejana
inocencia
vulnera.

Todo
íntimo
equilibra.

Distant
immensa
comprèn.

Distante
inmensa
comprende.

A gargots

A José Kozer, per descomptat

Rosetta vaig somiar,
pedra dels
jeroglífics.
Diguem-ne primer
intent ¿pentecostal?
I ara! egipci!
Quina sort
la nostra de
babelitzar-ho tot.
I a la torre,
aquell soroll,
cadascú
a la seva
la llengua que
bonament
balbotejar
va poder.
En tots els murs,
barreja.
Garbuix diví
humà necessari.

Gargots
contrasenya
del So.

A garabatos

A José Kozer, por supuesto

Rosetta soñé,
piedra de los
jeroglíficos.
Dígase primer
intento ¿pentecostal?
¡Qué va! ¡egipcio!
Vaya suerte
la nuestra de
babel-izarlo todo.
Y en la torre,
aquel barullo,
cada uno
por su lado
la lengua que
buenamente
bal-bucear
pudo.
En todos los muros,
mezcolanza.
Arroz con mango divino
humano necesario.

Garabatos
santo y seña
del Sonido.

Runa o idiograma.
Morse dels que no van callar.
Del kanji a la tabula rasa.
I un altre cop, a l'inrevés.
Digui-hi, sí, sense por:
la paraula! Mastegui,
assaboreixi, rumiï i retorni:
daltabaix dels signes.

Runa o ideograma.
Morse de los que no callaron.
Del kanji a la tabula rasa. Y
otra vez, al revés.
Dígalo, sí, sin miedo:
¡la palabra! Mastique,
saboree, rumie y devuelva:
teje-maneje de los signos.

De retorn

A Silvia Rodríguez Rivero, que pintava sense nom

No sé què faig aquí,
ni qui, ni com,
vagà per aquests indrets
abans que jo.

Tot és desert.
Fugiren? Es perderen?
Ell no em digué que eren aquests,
erms, camins d'un altre temps.
Desitjant ¿però què?
¿Què voldria Aquell de mi?
Misteri.
Repte.

Em digué: Escolta lleial, discret.
Llavors em donà aquesta pilota,
un copet a la natja, dos petons.

Amant, posà en mi el seu alè.
Silent, escolto només
el meu caminar.
Petjada rere petjada,
em respiro, avanço.

He volgut dir. Tant. ¿Però a qui?
Oblidaré sons. Callat. ¿M'entendrà?

De regreso

A Silvia Rodríguez Rivero, que pintaba sin nombre

No sé qué hago aquí,
ni quién, ni cómo,
anduvo estos lares
antes que yo.

Está todo desierto.
¿Huyeron? ¿Se perdieron?
Él no me dijo que eran éstos,
baldíos, caminos de otro tiempo.
Desando ¿pero qué?
¿Qué querría Aquél de mí?
Misterio.
Reto.

Me dijo: Escucha leal, discreto.
Luego me dio esta pelota,
una nalgada, dos besos.

Amante, puso en mí su aliento.
Silente, escucho sólo
mi propio caminar.
Pisada tras pisada,
me respiro, avanzo.

He querido decir. Tanto. ¿Pero a quién?
Olvidaré sonidos. Quedo. ¿Me entenderá?

Puc saber-lo quan arribi,
ho sé… és un batec
simple, mil·lenari, nostre.

Dic que soc i existeixo en aquest si
el de dur amb mi el que és petit.
¿A qui? Ja sabré.
Tan sols sé que em resta
tot el Temps.

Per les parets del somni:
el seu alè, la meva veu…

I mentrestant
m'esbalaeixo en el silenci…
Guardo, per a qui sigui, *la meva millor cançó*.

Puedo saberle cuando llegue,
lo sé… es un latido
simple, milenario, nuestro.

Digo que soy y existo en este sino
el de llevar conmigo lo pequeño.
¿A quién? Ya sabré.
Sólo sé que me queda
todo el Tiempo.

Por las paredes del sueño:
su aliento, mi voz…

Y mientras tanto
me asombro en el silencio…
Guardo, para quien sea, *mi mejor canción.*

Manuscrit

A Odette Alonso

El del nauta és
camí sense retorn.
Puja a l'Argo
ja pres
de si mateix
va rere (i també en contra)
dels seus propis vents.
N'hi va haver, per endavant
renunciant als riscos del
(sense adjectius) viatge.
I també, imberbes!
tripulants de fum,
cremant (i per a què),
rossegades, les naus.
Jo també vaig estar al paire
ara ja qui sap quant.
No puc tenir memòria
sent com soc, un nàufrag.
És cert que no recordo
quant vaig navegar, ni quina brúixola
o sextant em portaren.
Però juro que des dels temps
aquells de ser un polissó
sense edat per a la basca
(ah, aquella aventura feliç!)

Manuscrito

A Odette Alonso

El del nauta es
camino sin regreso.
Súbese al Argo
ya preso
de sí mismo
va en pos (y también en contra)
de sus propios vientos.
Los hubo, de antemano
renunciando a los riesgos del
(sin adjetivos) viaje.
Y también, ¡imberbes!
tripulantes de humo,
quemando (y para qué),
roídas, las naves.
Yo también me fui al pairo
hace ya quién sabe cuánto.
No puedo tener memoria
siendo como soy, un naúfrago.
Es cierto que no recuerdo
cuánto navegué, ni qué brújula
o sextante me trajeron.
Mas juro que desde los tiempos
aquellos de ser un polizón
sin edad para la náusea
(¡ah, esa aventura feliz!)

foren sempre els petons,
l'única i veritable
opció de travessia.

Va ser tot pels petons.
Un dia no vaig voler sentir més
el que explicaven els altres.
I vaig optar per viure,
sentir, diguem, les pessigolles
(i què sabia?) aquí, ben endins.
Cansat de posar-me a somiar
una vegada i una altra el que la boca
que besa una altra boca
explica, m'hi vaig enrolar.
I aquí em veuen
per tantes boques i al meva
ple d'algues,

ja pols de corall,
mossegades i colrades
les membranes totes.
No sé si vida o miratge,
es aquesta la complexitat
dels (d'aquest i de tots) els naufragis.
Escric això sobre mi mateix
perquè no hi ha cap ampolla
on hi càpiga el meu somni.
Si faig senyals
des del meu llit de nàufrag,
no és per a ser rescatat
sinó per a tornar a enrolar-me,

fueron siempre los besos,
la única y verdadera
opción de travesía.

Fue todo por los besos.
Un día no quise oír más
lo que contaban los demás.
Así que opté por vivir,
sentir, digamos, la cosquilla
(¿y qué sabía?) ahí, bien dentro.
Cansado de darme a soñar
una y otra vez lo que la boca
que besa a otra boca
cuenta, me enrolé.
Y aquí me ven
por tantas bocas y la mía
lleno de algas,

ya polvo de corales,
mordidas y curtidas
las membranas todas.
No sé si vida o espejismo,
es ésa la complejidad
de (éste y todos) los naufragios.
Escribo esto sobre mí mismo
porque no hay botella alguna
donde mi sueño quepa.
Si hago señas
desde mi lecho de náufrago,
no es para ser rescatado
sino para volver a enrolarme,

de polissó de tots
els petons que no vaig fer,
que no em van fer.

de polizón de todos
los besos que no di,
que no me dieron.

Procés

recollirà
branca
a branca
tot
necessari
col·locarà
amb cura
sobre
alt
construirà
pedestal

posarà
rodons
sense rostre
trossos
de si mateix
escalfarà
des de
sota
calor
quasi
intestinal

trencaran
convertits
en ales

Proceso

recogerá
rama
a rama
todo
necesario
colocará
con celo
sobre
alto
construirá
pedestal

pondrá
redondos
sin rostro
pedazos
de sí mismo
calentará
desde
abajo
calor
casi
intestinal

romperán
convertidos
en alas

un bon dia
mai més
tornaran

un buen día
jamás
volverán

Sakura

Al cirerer del pati
li queda gairebé res
cos-tronc magre
niu que ningú habita
ni garsa ni esquirol
A l'estiu disputada
propietat forestal
avui desallotjament climàtic
Tots han marxat
El cirerer perdura
Ah! però el globus
arribat ahir sense més
de no se sap on
pres als seus flancs
dient-nos que al vent
voleiar el torna digne
li dona al pobre cirerer
un aire juvenil
        trapella
           necessari
enmig de la neu

Sakura

Al cerezo del patio
le queda casi nada
cuerpo-tronco magro
nido que nadie habita
ni urraca ni ardilla
En verano disputada
propiedad forestal
hoy desalojo climático
Todos se han ido
El cerezo perdura
¡Ah! pero el globo
llegado ayer sin más
de no se sabe dónde
prendido a sus flancos
diciéndonos que al viento
flotar le torna digno
le da al pobre cerezo
un aire juvenil
                travieso
                    necesario
en medio de la nieve

Nietzsche per a tornar-hi

Ah, volíem ser tots cosmonautes!
(… de petits, no em digui que no ho recorda).

I què coi en sabíem, d'Andròmeda?
què de la Galàxia del Triangle?
A primera vista és la més llunyana…
(Contradicció, diu el lector
que com es menja això).

A més que hi havia allò de Cassiopea,
Medusa, Perseu i altres tabarres gregues
en què ens vam perdre tots.

Buscada, gairebé a cegues, La Via Làctia nostra.
Despresa l'ànsia sense rumb, ànsia sense fi,
de sentir-nos ingràvids.
Putada la de lligar-nos al centre, azimutats!
Vegeu la intenció de ser així,
mutats, en cosmo(trans)gènics éssers,
així per l'art de la no gravetat
retornats al paratge
on
      ballant fou
                    el començament.

Caos meravellós
que ves a saber com ni
quant va durar.

Nietzsche para regresar

¡Ah, queríamos ser todos cosmonautas!
(… de pequeños, no me diga que no lo recuerda).

¿Y qué carajo sabíamos de Andrómeda?
¿qué de la Galaxia del Triángulo?
A simple vista es la más lejana…
(Contradicción, dice el lector
que cómo se traga esto).

Además de que estaba lo de Casiopea,
Medusa, Perseo y otros griegos chanchullos
en los que nos perdimos todos.

Buscada, casi a ciegas, La Vía Láctea nuestra.
Suelta el ansia sin rumbo, ansia al fin,
de sentirnos ingrávidos.
¡Putada la de atarnos al centro, azimutados!
Véase la intención de ser así,
mutados, en cosmo (trans) génicos seres,
así por arte de la no gravedad
regresados al paraje
donde
            bailando fue
                        el comienzo.

Caos maravilloso
que vaya usted a saber cómo ni
cuánto duró.

Però un cop aquí, lluny de tot,
l'únic que ningú va poder-nos prendre
fou, precisament, la intransitable
i perpètua ansietat del retorn.

No cregui vostè que és l'afany científic,
ni el poder, ni la fama, ni la curiositat
desmesurada d'un ésser amb cervell
més o menys desenvolupat.

Deixi's de bajanades! Aquí sabem tots
que cosmonautes som els que somiem
cada dia amb ser partícula infinita
d'un tot fet de trossos.
Però amb la memòria de pols
estrellada en remolí!
Dansar, dansar, dansar...
arribar a aquella, que està encara més lluny
però a primera vista diuen que es veu.

La del Triangle, ara apropant-se.
Així doncs, no ho dubti, ja gairebé
cosmonautes serem,
en períodes de llum,
    anys més,
      menys anys,
        on sense ser visibles,
recordem.

Pero una vez aquí, lejos de todo,
lo único que nadie pudo quitarnos
fue, precisamente, la intransitable
y perpetua ansiedad del retorno.

No crea usted que es el afán científico,
ni el poder, ni la fama, ni la curiosidad
desmedida de un ser con cerebro
más o menos desarrollado.

¡Déjese de bobadas! Aquí sabemos todos
que cosmonautas somos los que soñamos
cada día con ser partícula infinita
de un todo hecho pedazos.
¡Pero con la memoria de polvo
estrellado en remolino!
Danzar, danzar, danzar...
llegar a ésa, que está aún más lejos
pero a simple vista dicen que se ve.

La del Triángulo, ahora acercándose.
Así que no lo dude, ya casi
cosmonautas seremos,
en períodos luz,
                    años más,
                              menos años,
                                        donde sin ser visibles,
recordemos.

Eureka a dos

Vet aquí l'Antiplà:
jugar a ser bessons
en l'espai-temps.

Ser déu sense la vareta
quin parell de babaus
conillets d'índies microscòpics
grapat d'àtoms
amb ruta inexorable
clic llançats zas
per un disparador.

No anàvem enlloc,
punt final, partença
reblada de clau
sense fricció, desgast,
nosaltres mateixos.

A través de la llum
(aquí tant se val el prisma)
la meva tossudesa, la teva por,
mitja engruna d'atzar.
Retornar ja vençuts,
sense cap col·lisió,
fou simple demostració
de pura quàntica.

Eureka a dos

He aquí el Antiplan:
jugar a ser gemelos
en el espacio-tiempo.

Ser dios sin la varita
menudo par de catetos
cobayas microscópicas
puñado de átomos
con ruta inexorable
clic lanzados zas
por un disparador.

No íbamos a ningún lado,
punto final, partida
vuelta de tuerca
sin fricción, desgaste,
nosotros mismos.

A través de la luz
(aquí qué más da el prisma)
mi terquedad, tu miedo,
media pizca de azar.
Regresar ya vencidos,
sin colisión alguna,
fue mera demostración
de pura cuántica.

Fissió

I nosaltres, aquest bocinet,
penjant d'un tot enorme.
I aquelles càrregues, tan oposades,
atraient-se sense altra llei que
l'inevitable.
I partícules buscant-ne d'altres,
que sempre n'hi ha hagut
i n'hi haurà.
I la matèria
indestructible
volent transformar-se
que és propi d'ella,
d'un estat a un altre,
i rebutjant el que és perenne.
I l'àtom amb el nucli
sense poder més
que seguir
les quatre lleis
fonamentals.
I la gran Força
que tots sabem
ineludible.
Girar al voltant, vèncer
i fissió contra fusió...
Se'n va a la merda el nucli,
esclata en cadena
el que ja no és àtom

Fisión

Y nosotros, ese pedacito,
colgando de un todo enorme.
Y aquellas cargas, tan opuestas,
atrayéndose sin más ley que
lo inevitable.
Y partículas buscando a otras,
que siempre las hubo
y las habrá.
Y la materia
indestructible
queriendo transformarse
que es lo suyo,
de un estado a otro,
y rechazando lo perenne.
Y el átomo con el núcleo
sin poder más
que seguir
las cuatro leyes
fundamentales.
Y la gran Fuerza
que todos sabemos
ineludible.
Girar alrededor, vencer
y fisión contra fusión…
Se va a la mierda el núcleo,
estalla en cadena
lo que ya no es átomo

però busca
allò que sense llei
anomenem llibertat.
És vàlid l'àtom alliberat
de tota força.
No li jutgi ningú
el desig d'esclatar.
Que la seva cerca és
la veritat d'allò minúscul
cansat del tot.
El que és petit es rebel·la
perquè també és bell.
Cada partícula és
la llibertat en si mateixa.
El tot, la dictadura més fèrria.
Que li diguin al sol
que des del nucli es rebel·la.

pero busca
eso que sin ley
llamamos libertad.
Es válido el átomo liberado
de toda fuerza.
No le juzgue nadie
el deseo de estallar.
Que su búsqueda es
la verdad de lo minúsculo
cansado del todo.
Lo pequeño se rebela
porque también es bello.
Cada partícula es
la libertad en sí misma.
El todo, la dictadura más férrea.
Que se lo digan al sol
que desde el núcleo se rebela.

Fon-me amb la teva argila

una mano como las raíces de un árbol
un vaso campaniforme lleno de huesecillos de ignorancia

Clara Janés

Tota la Poesia al forn
una barreja de llot
dubtosament mal·leable
inabastable la puta
no es deixa besar

En setanta àmfores
buides
recorren
Aquil·les i Àjax
jugant als daus

quin munt de càntirs
muts
en el Temps

Un de sol posà sobre massa
trempada
llances en V
escuts a un cantó
un quatre Aquil·les
un tres Àjax

Fúndeme con tu arcilla

> una mano como las raíces de un árbol
> un vaso campaniforme lleno de huesecillos de ignorancia
>
> Clara Janés

Toda la Poesía al horno
una mezcla de lodo
dudosamente maleable
inasible la puta
no se deja besar

En setenta ánforas
vacías
recurren
Aquiles y Áyax
jugando a los dados

qué de cántaros
mudos
en el Tiempo

Uno sólo puso
sobre masa templada
lanzas en V
escudos a un lado
un cuatro Aquiles
un tres Áyax

Pentesilea fulminant amb els seus ulls
al del taló ara menys vulnerable
tot mirant digna
sagna
esvelta i blanca
com
cap altra
travessada per quina llança?
què tindria l'argila?

Se sent fresca la rúbrica
sobre lècit en negre
«Exèquies em va fer»

Pentesilea fulminando con sus ojos
al del talón ya menos vulnerable
mirando altiva
sangra
grácil y blanca
como
ninguna
¿atravesada por qué lanza?
¿qué tendría la arcilla?

Huele fresca la rúbrica
sobre lécito en negro
«Exequias me hizo»

Annona squamosa

Al meu avi José de la Caridad Guzmán

Quan l'avi sembrà
jaspiada i llarga
la llavor
no sabia que plantava
l'Yggdrasil
Era l'arbre més nostre
allà hi naixérem tots
d'ell ens penjàvem
per a semblar
micos a les fotos

La vida es delectava
de tarda en tarda
a penjar-se
amb nosaltres
a l'anona del pati
Allà succeïa
en plena esplendor
hi germinava
ens la podíem
menjar feliç

El vell jutge treia
dia rere dia el tamboret
el repenjava al tronc
sota la mateixa ombra

Annona squamosa

A mi abuelo José de la Caridad Guzmán

Cuando el abuelo sembró
jaspeada y larga
la semilla
no sabía que plantaba
el Yggdrasil
Era el árbol más nuestro
allí nacimos todos
de él nos colgábamos
para parecer
monos en las fotos

La vida gustaba
de tarde en tarde
de colgarse
como nosotros
al anón del patio
Allí sucedía
en todo su esplendor
germinaba
nos la podíamos
comer feliz

El viejo juez sacaba
día tras día el taburete
lo recostaba al tronco
bajo la misma sombra

Cinc anys després de plantat
ja donava bons fruits
gairebé cinquanta
tots igualment dolços
porcions del paradís

Compartia l'avi
les seves xirimoies
com amagar
aquella dolça olor
al pati interior
d'un suburbi
ple de canalla

Si entràvem pel carreró
(allà davant la casa
d'Andrés el de la Jimagua[1])
era parada obligatòria
aquell arbre petit
que paria massa

Des del portal sabia l'àvia
que collíem
els fruits amb què el vell
sabotejava els seus esmorzars
Traieu-vos l'uniforme
que la xirimoia taca
deixeu això per postres

---

[1] *Jimagua*: bessona (a Cuba) [N de la T].

A los cinco años de plantado
ya daba buenos frutos
casi cincuenta
todos igual de dulces
porciones del paraíso

Compartía el abuelo
sus anones
cómo esconder
aquel olor dulzón
en el patio interior
de un suburbio
lleno de niños

Si entrábamos por el callejón
(allí frente a la casa
de Andrés el de Jimagua)
era parada obligatoria
aquel árbol pequeño
que paría demasiado

Desde el portal sabía la abuela
que cosechábamos
los frutos con que el viejo
saboteaba sus almuerzos
Quítense el uniforme
que el anón mancha
dejen eso para el postre

Però nosaltres
empastifats fins a la vida
no entràvem a la casa
perquè per què menjar-se
la farineta de l'àvia
si la xirimoia era l'ambrosia
mena de puny rugós
que omplia la panxa
i ens tornava lírics

Un cop l'avi ens explicà
allò del diamant
Què? És una pedra?
Sí, és clar
cal polir-lo
I com es fa, això?
Molta feina deia l'avi
però val la pena.

Pero nosotros
embadurnados hasta la vida
no entrábamos a la casa
porque para qué comerse
la harina de la abuela
si el anón era la ambrosía
suerte de puño rugoso
que llenaba panza
y nos ponía líricos

Una vez el abuelo nos contó
lo del diamante
¿Qué? ¿Es una piedra?
Sí, claro
hay que pulirlo
¿Y eso cómo se hace?
Mucho trabajo decía el abuelo
pero vale la pena.

Postdata al Nautilosaure

Arriba ja el meu temps per oblidar
Deleble has de marxar
Ja estàs llest

Quina nit fractal a la deriva!
Nusos mesurava amb nocturlabi
en Peixos
em turmentaven les marees
patia
somiar així
infinita
la mar

Veure't pasturar de lluny
donar-te de beure
nodrir-te a distància
consentida
muda
orografia de la il·lusió

La plenamar farà sorgir la vall
cada cert equinocci
submergida
tornarà l'estació
no seràs convocat

Vetat aquell indret
que imaginava

Postdata al Nautilosaurius

Llegado ha mi tiempo de olvidar
Deleble has de partir
Hete ahí presto

¡Qué noche fractal a la deriva!
Nudos medía con nocturlabio
en Piscis
me atormentaban las mareas
adolecía
soñar así
infinito
el mar

Verte pastar de lejos
darte de beber
nutrirte a distancia
consentida
muda
orografía de la ilusión

La pleamar hará surgir el valle
cada cierto equinoccio
sumergido
volverá la estación
no serás convocado

Vedado ese lugar
que imaginaba

colzada virtual
humida
segur?
Tot tan utòpic!

Què hi ha de les vides
per entregar al Sol?
Tan sols fatus
avantprojectes del
no-res

Què hi ha de la mar dins
teu cantant?
La mar sí
com un somni oblidat
que dorm aliè
dur/púber/intacte
dins la banya sense vida
d'un animal
mitològic
i savi

recoveco virtual
húmedo
¿seguro?
¡Todo tan utópico!

¿Y qué de las vidas
por entregar al Sol?
Sólo fatuos
anteproyectos de
la nada

¿Y qué del mar dentro
de ti cantando?
El mar sí
como un sueño olvidado
que duerme ajeno
duro/ púber/ intacto
dentro del cuerno sin vida
de un animal
mitológico
y sabio

Grec en dos actes

I.

> Ahí está en el espejo/un rostro: el mío;
> queda un poco de asombro…
>
> Waldo Leyva

Aquil·les és gairebé immortal
aquest taló podria esquinçar-se
al mirall pateix emperpalat
com un semidéu
sol
veu la seva part
que l'exclou de l'Olimp

Pal·las que no es mira bé
és davant del mirall
la més mortal de les deïtats
revelada
odia el que hi veu
sap que és humana
de deessa es disfressa

Tampoc és el mirall
una mar que reflectís tot
mirar-se les entranyes
amb els ulls tancats
pot ser que faci
menys mal?

Griego en dos actos

I.

> Ahí está en el espejo/un rostro: el mío;
> queda un poco de asombro…
>
> Waldo Leyva

Aquiles es casi inmortal
ese talón podría soslayarse
en el espejo sufre erguido
como un semidios
sólo
ve la parte suya
que lo excluye del Olimpo

Palas que no se mira bien
está frente al cristal
la más mortal de las deidades
revelada
odia lo que ve
sabe que es humana
de diosa se disfraza

Tampoco es el espejo
un mar que reflejara todo
¿mirarse las entrañas
con los ojos cerrados
puede que duela
menos?

II.

Vetlla perquè la incisió s'efectuï amb destresa[1]

Konstantinos Kavafis

No donen cara a l'argent
semimortal penetra
a semideesa
en la penombra
sota el cel de Zeus
practiquen dissecció
sega de l'ànima
Els budells
massa blava
sanguinolenta
però una mica alleuja
entreveure
el què per
dins?

En despertar
sense olis
miraran el model
somriuran per fi
davant del descobriment
d'acceptar-se?

---

1 «Cuida que la incisión salga con maestría», primer vers del poema de Kavafis «Filheleno» (1912), tal com està traduït al castellà en totes les edicions. La traducció al català és meva [N de la T].

II.

Cuida que la incisión salga con maestría

Konstantinos Kavafis

No dan cara al azogue
semimortal penetra
a semidiosa
en la penumbra
bajo el cielo de Zeus
practican disección
siega del alma

Las tripas
masa azul sanguinolenta
¿pero algo alivia
entrever
lo que por
dentro?

Al despertar
sin afeites
mirarán al dechado
¿sonreirán por fin
ante el descubrimiento
de aceptarse?

Els ulls de Strindberg

A Rolando Jorge, poeta assetjat per si mateix

En el retrat un home quasi viu assetja
què miren aquells ulls
des de la paret?

No cremen
són El Foc
de les conques brolla
pura lava
corre sísmica
l'estilogràfica

Ibsen ho sap
o escriu així de posseït
subjugant en mà èbria
els exorcismes propis i aliens
o se l'empassen aquells ulls
amb el dolor de Nora
«Ningú no pregunta per què ningú no pregunta»
Pensa Henrick mentre
escriu la seva Casa de Nines

Només que August sap
que qui pregunta és ell
i que els seus ulls
són els que Ibsen tem

Los ojos de Strindberg

A Rolando Jorge, poeta acechado por sí mismo

En el retrato un hombre casi vivo acecha
¿qué miran esos ojos
desde la pared?

No queman
son El Fuego
de las cuencas brota
pura lava
corre sísmica
la estilográfica

Ibsen lo sabe
o escribe así de poseído
subyugando en mano ebria
los exorcismos propios y ajenos
o se lo tragan esos ojos
junto al dolor de Nora
«Nadie pregunta por qué nadie pregunta»
Piensa Henrick mientras
escribe su Casa de Muñecas

Sólo que August sabe
que quien pregunta es él
y que sus ojos
son los que Ibsen teme

com als ulls d'un déu
que envesteix
retrinxat

como a los ojos de un dios
que embiste
cercenado

Kozeriana

(Una romança medieval cubana)

Succeí al castell de Montsegur.
Vella i fidel l'Occitània, sud de tot.
Parlaven amb elegant i gentil
llengua d'oc, que diuen
l'occitaine (sona bé, musical).

A Languedoc ens veiérem,
càtara la mirada, una tallant
i malgrat tot tendra
(jo, si m'ho permets
trauria l'adjectiu tendra)
com d'escuma o mar,
(tot menys creuada)
els allà reunits, la mirada.

Sota els barnussos, el presagi
als ulls, pèrfida i tan humana
(Stop, pèrfida la mirada ni parlar-ne!
Això no encaixa amb els càtars.
Bolereges, amiga.) Doncs, tisora!

Ni aparegut, ni espectre, ésser
tangible, i tot (menys) somni.
Hi havia jueu al fons i em parlava.
(serà xinès i enrere, mira què hi tens)

Kozeriana

(Una romanza medieval cubana)

Sucedió en el castillo de Montsegur.
Vieja y fiel la Occitania, sur de todo.
Hablaban con elegante y gentil
lengua d'oc, que dicen
l'occitaine (suena bien musical).

En Languedoc nos vimos,
cátara la mirada, una cortante
y sin embargo tierna
(yo, si me lo permites
quitaría el adjetivo tierna)
como de espuma o mar,
(todo menos cruzada)
los allí reunidos, la mirada.

Bajo los albornoces, el presagio
en los ojos, pérfida y tan humana
(¡Stop, pérfida la mirada sí que no!
No pega eso con los cátaros.
Bolereas, amiga.) Pues, ¡cuchilla!

Ni aparecido, ni espectro,
ser tangible, y todo (menos) sueño.
Había judío al fondo y me hablaba.
(será chino y atrás, mira que tienes)

Concu-mènia ecu-bínia medieval
(Què és aquesta mudança?)
Lleugeret se'm va plantar al costat,
el vaig sentir (i vaig assentir) amb la mirada.

Baixàrem amb prou feines
pel pendent (gorja).
Aquesta és la Vall dels Cremats, digué.
Aquí acaba el (nostre) camí.
(Crematori, això sona terrible).

Sort que no vam morir, (kafunga)
però, per quin secret forat
del temps i de l'espai,
què sé jo, som vius.

Cal córrer amb el Graal,
salvem a tothom (i així jo,
de les flames aquelles
me'n surto bis per la tangent)

Els càtars i el seu escollit
holocaust, (un crim més
d'aquella Santa que tu ja saps).
Les nits de trobar *sur d'tot*
vives a Languedoc, *l'occitaine*.
Catarsi, ai de *l'eleus* amb *phobos*,
(corre que cal salvar-la!)
la poesia, anti-*consolamentum*,
i aquí com els del Perico, cames

Concu-menia ecu-bínea medieval
(¿Qué es este chenchecuchenche?)
Ligerito se me puso al costado,
le sentí(y asentí) con la mirada.

Bajamos a (duras) penas
por la cuesta (desfiladero).
Este es el Vall dels Cremats, dijo.
 Aquí termina nuestro (el) camino.
(Crematorio, eso suena horrendo).

Suerte que no morimos, (kafunga)
más, por qué secreto agujero
del tiempo y del espacio,
yo qué sé, estamos vivos.

Hay que correr con el Grial,
salvemos a todos (y así yo,
de las llamas aquellas otra vez
me salgo bis por peteneras)

Los cátaros y su elegido
holocausto, (un crimen más
de esa Santa que tú sabes).
Las noches de trovar sur d'tot
vivas en Languedoc, l'occitaine.
Catarsis, ay del eleos con phobos,
(corre que hay que salvarla!)
la poesía, anti-*consolamentum*,
y aquí como los del Perico, paticas

(o cametes) ajudeu-me.[1]

De fotre el camp el vam fotre però
hauríem pogut (vaig estar a punt de)
deixat d'explicar-ho
aquell mateix dia i allà tots abraçats
a Esclarmonde de Foix,
prefectes, sacerdotesses d'Albí
heretges, trobadores (tan boniques)
Tots de blanc (impur)
i nacrat d'onades temps.
(Sant tornem-hi amb la petxina nacrada
una altra vegada no, botzina, estem vius).

A Montsegur fou el tràngol,
d'allà en fugírem plegats,
salvàrem al voltant de vuit-cents.
Vella i fidel l'amistat, *sur le temps*.
Intacte, el que talla:
la seva mirada.

---

[1] La traductora ha preferit emprar l'expressió catalana per a exemplificar el que l'original plasma en aquests dos versos de Ribalta: «y aquí como los del Perico, paticas / (o palitroques) pa'quetequiero.

(o palitroques) pa'quetequiero.

De pirar nos piramos pero
pudimos (estuve a punto de)
haber dejado de contarla
ese mismo día y allí todos abrazados
a Esclarmonde de Foix,
perfectos, sacerdotisas de Albí
herejes, trovatrices (tan hermosas)
Todos de blanco (impuro),
y nacarado de olas tiempo.
(Y dale con la concha nacarada,
otra vez no, caracola, estamos vivos).

En Montsegur fue el trance,
de allí escapamos juntos,
salvamos como a ocho cientos.
Vieja y fiel la amistad, *sur le temps*.
Lo intacto, lo que corta:
su mirada.

La tercera fugida

A Legna Rodríguez Iglesias, l'esquerpa

se'n va anar
no sé per què corria ni de qui
fugia
ni quin vers
clavava les seves sabates
estimbant-se
en indret
inhòspit de poesia
el de la primera fugida

va seguir
fugint a la seva
desbocada perduda
necessitant més versos
per a poder caminar
a les sabates
hi duia tanta
pedra que feia mal
va deixar anar els versos allà
fugint hi va tornar
a l'antre
de poesia desposseït
el de la segona fugida

de retorn
a la fugida definitiva

La tercera fuga

A Legna Rodríguez Iglesias, la esquiva

se fue
no sé por qué corría ni de quién
escapaba
ni qué verso
hincaba sus zapatos
despeñándose
en lugar
inhóspito de poesía
el de la primera fuga

siguió
huyendo a la suya
desbocada perdida
necesitando de más versos
para poder caminar
en los zapatos
llevaba tanta
piedra que dolía
soltó los versos allí
huyendo regresó
al antro
de poesía desposeído
el de la segunda fuga

de vuelta
a la fuga definitiva

vet aquí que la vam perdre
un cop més fugint
per camins de pedres
malparlant versos

minvada va voler volar
va fugir per tercera[1]
però no va anar
al meandre de la poesia
si la veieren allà fou un miratge
he de dir-vos que va marxar
que sobreviu a versos
dins les sabates

adolorida i sense rècula
se les empesca
com pot
resistent i fecunda
en la pitjor de les fugides
totes sense retorn

no la trobaran
perquè l'esquerpa
està traficant amb armes
de vegades una mica de cafè
sota les ordres d'un home coix
a les perdudes terres d'Abissínia

---

[1] Se dio a la fuga por tercera: expressió cubana relacionada amb
el beisbol [N de la T].

he aquí que se nos fue
una vez más huyendo
por caminos de piedras
despotricando versos

menguada quiso volar
se dio a la fuga por tercera
pero no fue
al meandro de la poesía
si le vieron allí fue un espejismo
debo decirles que se fue
que sobrevive a versos
dentro de los zapatos
dolorida y sin recua
se apaña
como puede
resistente y fecunda
en la peor de sus fugas
todas sin regreso

no la encontrarán
porque la esquiva
está traficando con armas
a veces algo de café
a las órdenes de un hombre cojo
en las perdidas tierras de Abisinia

Talús

Ah, allò que en diuen caure, llançar-se tota,
tanta por a tanta alçada.
El vertigen ja finalment, conquesta
de despenyar-se sencera.
Ana caient, Ana al buit
des de la finestra sorda
d'aquell gratacels llançant-se
o llançada?
Ana caient... un altre cop?
qui empeny?
Ana que vol sang,
molta sang, més sang
cada dia, sang de pollastre,
sang de dona, sang
de qualsevol criatura.

Ana formigueta incansable,
pintant cossos de grana,
mutilant per a crear
sense saber que un dia el seu,
minúscul i sense levitar,
jauria vermell i obert
al 300 de Mercer Street.

Ana que no és morta
de dos i dos són quatre
perquè la tragèdia d'Ana

Talud

Ah, eso de caer, tirarse toda,
tanto miedo a tanta altura.
El vértigo por fin ya, conquista
de despeñarse entera.
Ana cayendo, Ana al vacío
desde la ventana sorda
de ese rascacielos tirándose
¿o tirada?
Ana cayendo... ¿otra vez?
¿quién empuja?
Ana queriendo sangre,
mucha sangre, más sangre
cada día, sangre de pollo,
sangre de mujer, sangre
de cualquier criatura.

Ana hormiguita incansable,
pintando cuerpos de grana,
mutilando para crear
sin saber que un día el suyo,
minúsculo y sin levitar,
yacería rojo y abierto
en el 300 de Mercer Street.

Ana que no murió
de dos y dos son cuatro
porque la tragedia de Ana

va ser sempre la de crear
un univers totalment seu.
Quelcom des d'on poder
llançar-se ja, espifiar-la,
tant a dir que tenia.
Ana cridant ara sabran
per fi, de què soc capaç.

I jo, tot volent escriure
aquests versos invàlids,
donant-los la meva veu perquè
finalment sàpigues, mentre
escolto la veu d'Ana
caient al buit,
rebentada,
en el seu penúltim crit,
un xiuxiueig només
que em diu: vinga, salta!

siempre fue la de crear
un universo totalmente suyo.
Algo desde donde poder
tirarse ya, despetroncarse,
tanto que decir tenía.
Ana gritando ahora van a saber
por fin, de lo que soy capaz.

Y yo, queriendo escribir
estos versos inválidos,
dándoles mi voz para que
al fin sepas, mientras
escucho la voz de Ana
cayendo al vacío,
reventada,
en su penúltimo grito,
ya susurro
que me dice: ¡dale, salta!